AF363060

ANGUSTIA

ExLibric

ANA GARCÍA ALONSO

ANGUSTIA

EXLIBRIC

ANTEQUERA 2021

ANA GARCÍA ALONSO

ANGUSTIA

Para ti, que sientes en la misma línea.

I

A veces, es un momento,
solo un momento,
un golpe, un dolor,
presión en el centro del pecho.

A veces, es un momento,
solo un momento,
la garganta se cierra,
se rompen los sueños.

A veces, solo a veces,
en ese momento,
el golpe inesperado
en el centro del pecho
rompe todos los sueños.

II

Y, entonces, sabes que vuelve…
la desconfianza,
el vértigo,
el hueco entre el ombligo
y el desamor.

La frustración, la tristeza,
la soledad eterna
que atrapa el pecho
y no lo deja.

Vuelve el dolor
deshaciéndose en gotas
en la boca de la garganta,
estrangulando el alma.

III

Se hace la noche,
cortinas azul oscuro danzan en las sombras
hasta confundirse con el negro.

Se hace la noche,
vuelve la angustia en la garganta
y la falta de aire en el pecho.

Se hace la noche,
se vuelve inevitable la pregunta:
cuando la amargura te atrapa
y el sueño desaparece,
¿a qué luna tu alma canta?

Se hace la noche,
sombras invisibles te atan,
ya no hay resistencia en tu cuerpo,
tus dedos aflojan y no arañan.

Se hace la noche…

IV

A veces, quisiera parar,
tan simple como eso,
detenerme, dejar de luchar
y sentir el placer de no hacer nada,
simplemente ser, estar.
Pero no puedo, no,
temo que, al hacerlo,
descubriré las verdades
que no quiero escuchar;
me enfrentaré a una realidad
que es más difícil que la mentira en la que vivo.
A veces, quisiera parar,
pero es difícil siquiera proponerlo
ante el precio a pagar
por descubrir una vida
tan imperfecta, falsa
e irreal.
A veces, quisiera parar,
pero supondría encontrarme
viviendo en una pesadilla
que evito ver,
que trato de ignorar.

V

Oh, soledad, mi bella soledad,
¿será como otras veces?,
¿por qué oscuros laberintos llegarás?
Cuando menos te necesitan, apareces
y te quedas, porque no te importa molestar.
Mi dulce y oscura soledad,
¡te deseo tanto
como mi alma te teme!
Los lazos de tus vestidos
entran por mi boca,
ahogan mis gritos,
anudándose en mi garganta,
¡déjame gritar!
Soledad inerte y viva,
inquieta, maldita, palpitante soledad,
tu cariño corta mi piel en tiras,
produce sarna en mis entrañas.
Esta vez, ni tu compañía
conseguirá hacerme sentir tan sola
como me siento.
Mi mente de recuerdos se ve invadida;
provocas lluvia en mi rostro;
en tus manos, mis manos dejo,
mis manos, mi corazón, mi anhelo;
puedo ver a través de ti
la eternidad y el vértigo,
mi siempre amada soledad.

VI

Se hizo payaso
porque no sabía reír
ni era una carcajada abierta,
resplandeciente y sincera.

Se hizo payaso
para aprender a vivir,
a secarse las lágrimas,
a experimentar emociones
desconocidas y vagas.

No había nadie tan tonto,
divertido, loco…
no había nadie tan sensible
que a los niños de risas vistiese.

Asomado a la pista, bajo la carpa,
arrastrando aquellos zapatones,
peinándose las lágrimas,
con la sonrisa más enorme
y el corazón más torpe.

Las luces ocultaban sus ojos,
lo disfrazaban de colores
y convertía la alegría de los niños
en palomas de vuelo infinito
con alas de cobre.

Y es que no hay mayor maquillaje
que el que cubre el alma de un payaso,
ni ojos más tristes
ni corazón más amargo.

VII

Grises, volátiles,
asfixiantes
se vuelven las cenizas
en algún rincón entre el alma
y el corazón roto.

Como plumas de escorpión
que arañan la melancolía,
las cenizas lo cubren todo;
vuelan y vuelven,
vuelven y enloquecen,
tornan, esperan, bailan,
dulcemente se retuercen.

Ya no sabes si quieres respirar
o dejar de moverte
en la oscuridad a la que te invitan
las cenizas de una guerra
que nunca termina.

VIII

Se excita la noche
con el calor de la angustia
y los gritos apagados
desgarrando tu nombre.

Se excita la oscuridad,
sabiendo que el eco de las voces
no me será devuelto.

Se excita la noche
como el monstruo oscuro que es,
alimentándose de la soledad,
el ahogo, la desesperación
y el vértigo.

Se excita la noche
como un vampiro hambriento,
con sed de muerte,
destrucción y desgarrador silencio.

Se excita la noche
y sé que ya no puedo defenderme;
dejo de luchar,
mi cuerpo yace inerte
sobre la angustia del recuerdo.

Yo ya no puedo
ante el éxtasis de una noche
que se alimenta de mis miedos.

Me dejo llevar
ante la violación de mis pensamientos,
frágil, rota y en silencio.

Se excita la noche;
mis ojos dormidos
se desvisten con lágrimas;
la garganta seca
ya no emite sonidos.

Se excita la noche…
Yo ya no existo.

IX

Y un día llegó el silencio,
así, sin avisar.
No hubo gritos
ni enfado ni miedo;
no hubo palabras
ni susurros,
solo silencio.

Se acabaron los reproches,
el intentar solucionar
lo que estaba muerto.

Se acabaron las pesadillas,
la incertidumbre,
los malos sueños,
las explicaciones,
las mentiras
y los cuentos.

Y fue ese día
cuando supimos…
cuando supe
que todo había acabado.
Se me atragantó
un ya no te quiero;

se acumuló en las entrañas
la despedida,
un último grito,
todo se terminó
en silencio.

X

Y, entonces, sucede.
Sientes tristeza,
pero ninguna lágrima aparece.
Los ojos semejan arena,
secos como las noches insomnes,
vacíos como la falta de ilusión,
llenos de dolor y pena.
Esa tristeza que, de tanto acompañarte
ya parece eterna,
continúa a tu lado,
en tu interior, en tus manos,
entre los pulmones,
y, sin embargo,
los ojos se han secado,
incapaces de seguir húmedos,
la fuente de las lágrimas
se ha agotado.
Ya no hay calma tenue
que acaricie tus mejillas
con las lágrimas cálidas del llanto.
Y, entonces, sucede,
pesan los párpados,
tus ojos se han secado.

XI

No es perdón, es decisión:
te quise
y tú a mí no,
decidiste.

Se acabó.

XII

Guardaste los suspiros
en pañuelos de papel,
deseando tal vez que,
transformados en pajaritas,
elevaran al vuelo
los rotos latidos.

Rogaste al cielo
por calmar sueños perdidos,
pinceladas amargas
convertidas en veneno
sobre lienzo vendido.

Y dejaste tantos deseos
en un rincón escondidos
al descubrir con miedo
que tu atención
los volvía más intensos,
fuertes, dolientes
como héroes rendidos.

XIII

La mirada perdida al infinito
en un tiempo que se hizo eterno;
el cabello revuelto, extendido
en un baile imperfecto.

El acantilado, a sus pies perdido;
su mente sueña lágrimas al viento,
prohibiéndole hablar al corazón,
al vacío, al pensamiento;
prohibiéndole a los ojos los sueños.

Cristales extendidos,
reflejando recuerdos en el suelo,
alejándolos de aquellos suspiros
sin vida, sin ilusión,
sin dueño.

Palabras sin sonidos,
corazón sin sentimientos,
alma hecha pedacitos,
mente rota de recuerdos.

XIV

Quieres gritar
y, por alguna razón, no puedes;
el corazón golpea,
la garganta se retuerce,
la boca se abre al cielo
sin emitir sonido;
el dolor es infinito
y recorre cada rincón
de tu cuerpo.

Quieres gritar
y no puedes;
tu voz te devuelve
el silencio;
tu garganta se araña
con un sonido
que se ahoga
entre pensamientos.

La cárcel de tu voz
se convierte,
entonces,
en tortura de tu dolor.

Quieres gritar
y no puedes,
el dolor se queda dentro,
la piel se araña
y se desgarra
en una mueca imposible
de alma
destrozada
con el tiempo.

Quieres gritar
y no puedes,
tus lágrimas se han secado
con el viento;
tu piel cuarteada rodea
a un corazón desgastado,
marchito, enfermo.

El dolor se ha convertido
en la sangre de tus venas;
tirando de tu cuerpo encogido,
anudado, perdido.

Quieres gritar
y no puedes.
No puedes gritar
y quieres…

XV

Intentó levantarse,
tambaleando el cuerpo,
maldiciendo el barro,
intentando respirar
rastros de esperanza,
mientras la boca
con un río de piedras
se llenaba.

Caminó aferrada a invisibles árboles,
alucinaciones coloreadas
de seres inexistentes;
ideas robadas
de antiguas ilusiones
hoy fallecidas,
jamás retornadas.

Entregó a cada paso el alma,
tras brindar con lágrimas frías
en copas de cristal roto,
sabor de hierro en la garganta.
Al fondo, el rumor
de volcanes,
olas en oleajes
transformadas,

anudando telas de araña,
sorprendentes estructuras
de espejismos
y angustias aún no olvidadas.

Caminó a ciegas,
sujeta a invisibles fantasmas,
con rayos de luz
lastimándole la mirada.

Palpó el viento, el aire,
la nada;
buscó y buscó,
sintiendo cada vez
más intenso
el frío, el vértigo,
la inexistencia,
la presencia negada.

Y, entre los labios, se escaparon
suspiros en gotas de ausencia,
inundadas.

XVI

Sentir el vértigo,
caer al vacío,
dar vueltas
en ambos sentidos.

Opresión en el cuello,
giros y giros,
angustia que no cesa,
rotos los nudillos
contra paredes inquebrantables
de duro ladrillo.

Sentir el vértigo,
caer al vacío,
gritar la rabia,
escupir los sentidos…
los anulados,
frágiles e inservibles
sentidos.

Veneno en la boca,
piel mudada en frío,
ajada el alma,
el corazón lleno de hastío.

Brumas incesantes
de vértigo y suspiros;
suspiros que queman
cada paso del camino,
arañando las entrañas,
perdiéndose en el destino.

Sentir el vértigo,
caer al vacío,
lluvia incesante de espinas,
oscuro pesimismo
en blancas fragancias
de versos perdidos.

Versos y no besos,
caminantes desconocidos,
que un día creyeron conocerse
y hoy, huyen,
ignorando sus latidos.
Latidos de juegos hirientes
en un cubo de serpientes
de ideales perdidos.

Sentir el vértigo,
caer al vacío,
mentiras hechas humo,
dando giros y giros,
enredando el alma,

tejiendo engaños con delicados hilos,
haciendo creer
lo que jamás fue… ni quiso.

Sentir el vértigo,
caer al vacío,
desgarrar sombras,
abrazarse al dolor más íntimo,
viviendo como alma inmortal
en la dureza de una tempestad
donde el corazón es pequeño navío.

Sentir el vértigo,
caer al vacío,
marchitarse los sueños,
avanzar al infinito,
querer cerrar los ojos
y perder el sentido.

Sentir el vértigo,
caer al vacío.

XVII

Como si fuera un velo,
reposa grácil a lo largo de su trono
la reina de las rosas,
con su corona de espinas
en torno al cabello.

No se escucha apenas
el sonido tenue de su aliento,
cada gota de suspiro
es un callado misterio,
guardado en la oscuridad de la tierra,
atrapado en lo profundo del pecho.

En su mano tomó heridas
cuando deberían ser explosión
de amor pleno y alegría;
con culpa se ve las llagas
por haber aceptado un juego
del que no conocía las reglas
ni el fracaso ni el sufrimiento.

Creyó en mentiras
la reina coronada con rosas
que clavan en su frente
amargas espinas,
agrios recuerdos
cayendo como sangre a gotas.

Se escapa de sus ojos el tiempo,
buscando ahora
a la esperanza que olvidó
por un momento
su promesa de volver.

Grita y llora,
ahoga el aliento
contra las paredes de cristal
de un castillo en obras.

Ya nada será lo mismo,
lo sabe, solloza;
ya nada será lo mismo,
se agota su respiración,
duele el pecho,
el alma se ahoga.

Ya nada será lo mismo,
desconocía antes las normas,
se pierde en el olvido,
en los instantes,
en los recuerdos,
en las horas.

No sabía de mentiras
ni de daños;
no sabía de traiciones
ni de cárceles invisibles
ni de engaños.
No sabía que se puede dejar de amar
y saberse que, quizás,
nunca te han amado.

Entrega así la reina de las rosas
un dolor infinito,
un último quejido,
recorriendo las muñecas,
atravesando la piel carnosa,
concediendo a la muerte
el corazón vacío
y el alma durmiente,
cerrando los suspiros,
callando la mirada,
marchitando las rosas,
dejando el alma
vacía de sonido,
abrazando el silencio
en un rumbo vencido.

XVIII

Ya sé que la vida se acaba,
ya lo sé;
que la danza de los muertos
se realiza tras el portal…
Lo sé.
Y sé también
que yo quiero bailar.
Gasas transparentes
vistiendo fantasmas
ululan y cantan,
y yo me dejo abrazar.
Ya sé que la vida se acaba
y yo con ella,
es mi deseo,
es mi voluntad.
Se quema el tiempo
con cenizas de papel carbón,
transparencias inertes
en suave despertar.
La vida se acaba,
la sombra se acerca;
allá va mi alma,
atravesando los cristales de la noche,
abriendo sus alas
a la eternidad.

La vida se acaba.
Lo sé,
y yo me dejo acariciar,
perdida en un amanecer
tatuado en múltiples ríos
que no van al mar.
Mis alas se abren,
mi corazón vacío resuena,
tambalean mis versos
en una lucha fugaz,
desaparecen mis brazos
y yo me dejo mimar.
Se acerca la muerte
con veneno en la sonrisa;
mi mirada
la sonrisa le devuelve
en un lento soñar.
Ya no hay féretro ni tumba,
ya no hay agotada mente,
ya no hay corazón
ni esperanza ni fortuna
ni vacío ni difunto
ni ser viviente.
Solo queda mi amante oscura
con sus gasas de sombrío amor
rodeándome la cintura,
y yo,
yo me dejo arrastrar.

XIX

Así como mis pies se enredan en la naturaleza,
descalzos sienten el barro,
la frescura del rocío en la hierba,
la calidez de los primeros rayos;
así como sienten
y caminan despacio,
quieren bailar con la melodía
de un amanecer robado.
Robado a las copas de los árboles,
oculto, tranquilo,
dulcemente trasnochado;
amanecer tenue que
entre sus luces retiene
secretos velados.
Ahí quieren llegar mis pies,
respirando el ritmo acompasado
de un nuevo renacer
con latidos trastocados.
Y difuminan su perfil
entre los lirios nevados,
el cuerpo sigue a los pies,
desnudo, descalzo;
se deshace entre las raíces,
alcanza las copas con los brazos.
Apenas es un espíritu translúcido

bailando al son enamorado
de una naturaleza vibrante,
nueva, húmeda,
llena de rubor escarchado.
Al compás de la música,
el cuerpo desaparece trastocado
en espíritu libre,
confundido con ramas, hojas,
piedras, agua y barro,
volviendo a su esencia,
eternamente callado.

XX

El barro de tu carne,
el paraíso de tu ser,
el camino de pedregales
a tus pies…
Y descubres,
descubres cielos grises,
sensaciones extrañas.
¿Vives?
¡Claro que sí!,
en tu cabaña
con viejos arlequines
adornada.
Corona de espinas
y rosas heladas
se cierra contra tu ser,
ahogan tu garganta.

¿Vives?
¡Claro que sí!,
en mentiras programadas.
Danza de marionetas
bajo tu espalda,
te acercas y retrocedes,
confundes el todo y la nada.
Labios de fresa,

calor arrepentido que se escapa,
dulzor amargo
de ternura ingrata.

¿Vives?
¡Claro que sí!,
mientras no se despierte
tu dormida alma.

XXI

Anoche…
se volvió frágil la piel
acariciada por besos robados,
traslúcida ante tu piel.

Anoche…
desapareció la carne entre los labios,
se rompió el amor y el querer;
los suspiros se halaron,
se enrevesaron las piernas
entre la pasión de los brazos.

Anoche…
sentí,
sentiste, sentimos
que ya nada puede destrozarnos.

Anoche…
comí de tu aliento,
bebimos del jugo recompensado
tras tiempo sin vernos,
tras un arresto forzado.

Anoche…
dejamos atrás los sentimientos,
las angustias,
los pensamientos velados;
entregamos el cuerpo
al olvido,
al abismo de nuestros abrazos.

XXII

Obligada a respirar
se siente el alma
dentro de un cuerpo sin vida,
queriendo dormir un poco más,
despertándose con la luz encendida.
Rodeada de una jaula de cristal,
el alma siente y respira,
intentando, sin lograrlo,
apretar los ojos un ratito,
pidiendo a gritos
que no la despierten,
porque la luz la lastima,
la oscuridad la teme.
Llama su ángel ahora
por el alma que duerme,
ella protesta y añora
la vida en el universo latente;
se enfada, araña
y desgarra la voz que no tiene,
gritándole al ángel
que no se va a despertar,
que despertar no quiere,
y en aquella lucha encarnizada
el alma trasmuta en sangre marchita
dentro de un henchido vientre.

El alma huye cobarde
al infinito de las estrellas refulgentes
sin ver hacia atrás,
ignorando los sonidos de la muerte.

XXIII

He visto llorar a la luna,
una gota de plata
por cada suspiro
acompañando a su lágrima.

He visto llorar a la luna,
despedazarse tan fuerte
que los trocitos
olían a muerte.

He visto llorar a la luna,
cada lágrima
se iba transformando
en una estrella de plata.

He visto llorar a la luna
y me deshice en su llanto,
ocultando el mío,
respirando despacio.

He llorado con la luna,
sus lágrimas de plata
eran trocitos de mi corazón
y de una promesa traicionada.

He llorado con la luna,
dejando mi vida en gotas
de sangre espesa,
mezcladas con la plata
de su desgarradora pena.

He visto llorar a la luna
y en sus trocitos de plata
se ocultaron el desamor
y los gritos de mi alma.

XXIV

Entre gotas de rocío
florece frío
el jardín de arañas.
De lejos, tierra verde,
marrones plantas.
Te adentras a poquitos
y, cuando te das cuenta,
los pies se han perdido
entre tela de araña;
ya no hay cielo ni aire,
solo un laberinto
de angustia, que te atrapa.
Se contagia la tristeza,
tu voluntad se ve anulada;
te atas a lazos invisibles
con los duros hilos
de una tela de araña.
Ya no distingues el sueño
de la realidad mostrada;
tu desnudo cuerpo
de tela disfrazada
se camufla con la noche
de las patas de una araña.
Te enredas con los hilos
y mueres ahogada

cuando te creías libre
tras romper la crisálida.
Ni ángel ni mariposa,
eres un ser deforme
al que rompieron las alas,
perdidos ya tus pasos
en el laberinto
de telas de araña.

XXV

Camino entre luces y sombras
por un laberinto gris
de miedos inconfesables
y mustias rosas.

Se desgarra mi piel con las espinas,
se crucifica mi alma
atada a invisibles esposas.
Se mueren mis pies
con la desesperanza
del rumbo ya perdido.

Camino por arenas desiertas
en un mar de dunas salvajes
de emociones vacías,
inquietas, vacuas,
y mi mente alerta
me advierte del cambio
de un camino no deseado,
donde la musa yace muerta.

Los ropajes de mi amante
se han desgarrado
con las mismas espinas de mi corona
de mil látigos;

con el canto amargo
de un pájaro de medianoche
ya a su nido aferrado,
muerto y vacío,
inútil, rajado,
incómodamente labrado;
de un pájaro de medianoche,
decía,
de un pájaro,
al que todos esperan
y de quien todos temen su canto.

XXVI

Lo sé,
se acabó,
no quiero saberlo.

Lo sé,
sé que no,
no voy a verlo.

Lo sé,
somos desconocidos
rebuscando entre cenizas
de algo que se destruyó
sin que pudiéramos evitarlo;
te alejaste de mi corazón,
puse mil impedimentos.
¿Tú quisiste evitarlo?
Mi ser estaba ciego,
soltaste decidido las manos,
caí en el infierno
y todo terminó.

Lo sé,
no hay más
y no quiero saberlo.
Esa es la realidad.

Se acabaron los besos,
aspirar tu aliento
sentir tu cuerpo,
se acabó
y no quiero.

Lo sé,
al fondo del abismo
de mis rotas emociones,
entre la oscuridad
de mis pensamientos.
Se acabó,
ya no me quieres,
ya no te quiero.

Lo sé,
se acabó
y no quiero saberlo.

AGRADECIMIENTOS

A mis padres, por la vida.
A V., por estar.
A X, por ser.

A T., por la locura creativa compartida.
A mis tres, por el todo.

Y a @srta_coso por su magnífica portada.

Sobre la autora

Ana García Alonso (San Miguel de Oya, Vigo, 1977). Licenciada en Psicología por la Universidad de Santiago de Compostela, ha dedicado gran parte de su vida a sumergirse en la curiosidad que le produce la mente humana, especialmente en cuanto a emociones y creatividad. Intentando aunar ambas pasiones, logró recientemente incorporarse a la FEDAC con su marca Azul Agarimo.

Escritora aficionada desde muy joven, debuta con este poemario, tras cambiar su registro habitualmente abstracto por una literatura más sencilla y directa, donde juega con las pausas y se recrea en los ritmos desacompasados en medio de los versos, buscando la intimidad del sentir evocado.